DEMUESTRA LO QUE VALES EN EL TRABAJO

Los trucos para confiar en tus capacidades laborales

Por Julien Duvivier

Traducido por Laura Bernal Martín

Coaching   en50MINUTOS.es

REFORZAR LA CONFIANZA EN UNO MISMO

- **¿Problemática?** ¿Cómo reafirmarme y sentirme realizado en el trabajo?
- **¿Utilidad?** Tener confianza en uno mismo significa dejar que la autoridad natural que emana de nuestro interior se pueda expresar, logrando una seguridad que nos permitirá desarrollarnos profesionalmente.
- **¿Contexto profesional?** Gestión profesional, relaciones en el entorno laboral, etc.
- **¿Preguntas frecuentes?**
  - ¿Cómo me atrevo a tomar la palabra para dar mi opinión durante una reunión?
  - Mi jefe me menosprecia constantemente. ¿Cómo puedo tener confianza en mí mismo a pesar de todo?
  - ¿Cómo gano seguridad sin llegar a parecer pretencioso?
  - ¿Cómo le pido a mi jefe un aumento salarial o un ascenso si ni siquiera yo mismo estoy convencido de lo que valgo?
  - ¿Cómo gestiono un equipo con experiencia si acabo de graduarme?
  - ¿Cómo puedo no perder la confianza durante un período de desempleo?
  - ¿Qué actitud tengo que adoptar cuando mis colegas se niegan a colaborar conmigo y no dejan de hacer comentarios malintencionados?

La multiplicación de *coaches* profesionales y de novedosas formas de terapia pone de relieve que el sufrimiento físico y psíquico en el entorno de trabajo se ha convertido en uno de los problemas más graves de nuestras sociedades occidentales. A todos, del gran jefe al simple empleado, nos cuesta sentirnos realizados en el ámbito de nuestras actividades profesionales y todos acumulamos frustraciones, que a menudo se traducen en una falta de autoconfianza.

La cuestión de la confianza en uno mismo en el seno de nuestra actividad profesional implica, en primer lugar, revertir una presuposición que sigue estando muy arraigada en nuestros días. De hacerlo, podremos afirmar, como lo hace el psicólogo y psicoanalista Roland Guinchard, que «el trabajo es una experiencia personal que se vive de manera colectiva, y no a la inversa»[1] (Guinchard 2011, 1).

Aquí se vuelve a la idea cada vez más extendida de que nuestro trabajo debe ser la expresión de una Voluntad íntima y profunda (una fuerza inconsciente que nos empuja a trabajar) para que deje de verse como un «curro», una obligación inexorable a la que todos tenemos que someternos. Para salir de esta lógica de «a galeras a remar», que recuerda a la esclavitud, es conveniente explorar lo que nos gusta y lo que nos define íntimamente para interrogarnos en estos términos: ¿cómo puede ponerse mi trabajo al servicio de mi autoconfianza y convertirse en un lugar de logros?

Este libro tiene por ambición hacer que te plantees las preguntas adecuadas y permitirte explorar con total libertad los caminos que te llevarán a ascender profesionalmente al tiempo que respetas tus más profundas aspiraciones.

---

1. Cita traducida por 50Minutos.es

También encontrarás herramientas prácticas que te permitirán reafirmarte en seguida en tu trabajo del día a día.

- 3 -

EL ABECÉ DE UNA CONFIANZA FÉRREA

LA AUTOCONFIANZA, UNA NOCIÓN COMPLEJA

Diferentes acepciones

La autoconfianza como concepto aparece por primera vez bajo la pluma de William James (psicólogo estadounidense, 1842-1910), considerado el padre de la psicología en su país, en su obra *Principles of Psychology*, publicada en 1890.

En su opinión, la autoconfianza sería la opinión que tenemos de nosotros mismos con respecto a lo que nos proponemos. Esto resume a la perfección el estado mental que domina hoy en día el mundo occidental y que tiende a representar al individuo como un objeto desencarnado: así, estaríamos sometidos a las mismas leyes que una empresa o que un Estado, cuyos resultados se miden en volumen de ingresos o en producto interior bruto (PIB). En este sentido, se trata de una autoconfianza completamente exterior, basada en la apariencia, cuyos límites observamos en el mero hecho de que los indicadores de rendimiento de las empresas y de los Estados tienden a integrar cada vez más en sus balances el bienestar de los empleados/ciudadanos que somos.

Abordar la confianza en uno mismo partiendo de este punto de vista behaviorista, como desarrolló William James, supone por tanto definir al individuo como el producto de lo que hace, el producto de un conjunto de comportamientos y de resultados observables desde un punto de vista externo. Aunque sea completamente cierto que nuestros éxitos profesionales, manifestados en resultados concretos y visibles, están íntimamente ligados al sentimiento de autoconfianza, ¿no encierra acaso esta definición una visión demasiado restrictiva que tiende a categorizarnos? ¿Acaso no fueron todos los ganadores perdedores alguna vez, y viceversa?

Existe otra acepción de la autoconfianza que, sin excluir el análisis de los comportamientos externos como índice determinante, prefiere abordar la cuestión alrededor de la noción de «creencia» en uno mismo. A través de esta concepción, podemos relacionar la confianza en uno mismo con un conjunto de características que el primer enfoque no albergaba: al creer en nosotros mismos, adquirimos la posibilidad de confiar en nuestros deseos, esperanzas, fuerzas y puntos de referencia para actuar. Avanzamos con seguridad, con la firme confianza de que nuestro interior alberga una fuerza que no necesita demostrar nada para existir. Y es esta energía la que nos permite tener una influencia positiva sobre el mundo exterior y arriesgarnos a reafirmarnos.

La constelación de la autoconfianza

En su obra *Croire en soi ou la confiance perdue et retrouvée* («Creer en uno mismo o la confianza perdida y recobrada»), publicada en 2004, el psicoanalista y el psicosociólogo Jean-Claude Liaudet introduce la noción de «constelaciones de la confianza en uno mismo» planteando las siguientes preguntas: «¿Qué diferencia existe entre autoconfianza, autoestima y amor propio? ¿De qué manera contribuye el autoconocimiento a la confianza y la seguridad en uno mismo, a la autoafirmación?»[2] (Liaudet 2004, 35).

En efecto, tendemos a confundir autoconfianza, autoestima y amor propio con el hecho de estar seguro de uno mismo, de reafirmarse, de aceptarse y de conocerse. Tenemos la impresión de que todos estos términos tienen el mismo valor, y este es el motivo por el que a menudo nos cuesta comprender de dónde viene nuestra incapacidad para reaccionar como querríamos ante una situación profesional que nos hace perder la autoconfianza. Intentemos comprender los desafíos de cada uno de los elementos de esta constelación abordándola como un proceso.

---

2. Cita traducida por 50Minutos.es

La constelación de la autoconfianza

Autoconocimiento

«Conócete a ti mismo»: esta premisa es indispensable si queremos construir nuestra autoconfianza partiendo de **bases sólidas**. Este camino, que dura toda la vida, permite que seamos más conscientes de nuestras posibilidades y de nuestros límites.

Autoaceptación

Es una noción cercana a la autoconfianza. Sin embargo, la autoaceptación remite a aceptarse tal y como somos, a ver lo que no nos gusta de nosotros mismos sin rechazarlo o caer en la autoacusación. Esta **lucidez** también nos permite observar nuestras cualidades desde la humildad.

Amor propio

Esta dimensión va más allá de todo juicio moral: soy **capaz de quererme tal y como soy**. Soy consciente de mis imperfecciones, y las uso para mejorar cada día y hacer que mi entorno pueda beneficiarse de ello.

Autoconfianza

Es un sentimiento de **seguridad**. De la misma manera que un niño demuestra una confianza ciega hacia sus padres, el individuo sabe que puede fiarse de sí mismo.

Autoestima

En la estima recuperamos la noción de **valor**, que será económico, moral, espiritual, etc. dependiendo del individuo.

Autoafirmación (asertividad)

En todo entorno profesional, la asertividad es el *must have* de todos aquellos que buscan ser reconocidos como expertos en su ámbito. No es necesario manipular, agredir ni huir cuando se presentan dificultades: tienes la suficiente autoconfianza como para imponer tu liderazgo con **condescendencia y autoridad**, respetando tus límites y los de los demás.

Aunque su definición varíe, es evidente que estas nociones se interrelacionan e interactúan. Por consiguiente, nada de lo que acabamos de explicar debe entenderse como un proceso rígido con etapas fijas: dependiendo de la historia y de las especificidades de cada uno, habrá que tomar un camino u otro para ganar autoconfianza.

AUTODIAGNÓSTICO: EL TEST DE GORDON

Thomas Gordon (psicólogo estadounidense, 1918-2002) es pionero en la resolución de conflictos. Apoyándose sobre todo en la obra de Abraham Maslow (1908-1970) sobre la satisfacción de las necesidades, conceptualizó la noción del «*win-win*». En su opinión, la búsqueda de la comprensión del otro tendría un impacto directo en la autoafirmación.

El test de Gordon puede resultarle útil a todo aquel que desee conocerse mejor con el objetivo de ganar autoconfianza en el entorno profesional. Permite realizar un autodiagnóstico de la autoconfianza para crear un punto de partida desde el que reflexionar sobre uno mismo.

Este test te pide que respondas lo más espontáneamente

posible a una serie de afirmaciones (como «La vida no es más que una relación de fuerzas», «Sé escuchar y no interrumpo cuando me hablan», «Cuando no estoy de acuerdo, me atrevo a decirlo con tranquilidad y logro que me escuchen», etc.) con «Más bien verdadero» o «Más bien falso», y todo ello pensando en el entorno profesional. Dependiendo de los resultados, tus reacciones ante diversas situaciones que ponen a prueba tu autoconfianza revelarán una tendencia general que permitirá clasificarte como más bien huidizo, agresivo, manipulador o asertivo.

La pretensión de este test no es de ninguna manera revelarte una verdad inmutable sobre tu persona. Al contrario, te permitirá reflexionar sobre lo que consideras que es el estado actual de tu comportamiento en el trabajo con el objetivo de proporcionarte pistas que te permitan mejorar y comenzar un proceso que te llevará mucho más allá.

Aunque ser consciente de que te falta autoconfianza y ver las manifestaciones de este defecto ya es un paso importante, lo cierto es que detectar sus causas y lograr que este trámite introspectivo te procure un mayor bienestar es una tarea completamente distinta y que requiere mucho más trabajo.

En este punto pueden surgir todo tipo de preguntas fundamentales a las que es difícil responder sin ayuda externa: ¿realmente estoy hecho para este trabajo? ¿Cómo puedo evolucionar en mi puesto a pesar del gran número de dificultades a las que me enfrento? ¿Cómo dar un vuelco a mi carrera profesional sin ponerla en peligro?

Los organismos profesionales

En Francia, Pôle emploi y APEC (Asociación para el Empleo de Titulados Superiores, por sus siglas en francés) ofrecen sesiones de acompañamiento individuales o grupales para permitir que cualquier persona interesada en hacer balance de su situación profesional pueda encontrar su camino. Mediante entrevistas regulares durante un período definido por tu consejero, puedes hacerle partícipe de tus preguntas sobre un problema concreto o sobre tu situación general. Se trata de un acompañamiento gratuito cuyo objetivo es que te conozcas mejor a ti mismo gracias a las conversaciones con tu consejero y a un trabajo personal que consiste en analizar tus aspiraciones profesionales. Tus citas tienen que ser lo suficientemente espaciadas como para que tu vida diaria y los cambios que se suceden alimenten tu reflexión sobre cuestiones como: ¿en qué he fracasado y dónde he tenido éxito? ¿Cuáles son mis motivaciones? ¿Cuáles son mis valores? ¿Cuáles son las hipótesis de evolución profesional que me corresponden?

En España, el Servicio Público de Empleo Estatal (SEPE) ayuda a todo aquel que desee reflexionar sobre su situación profesional y ofrece información sobre prestaciones, cómo encontrar trabajo e incluso un catálogo de cursos para que puedas seguir formándote según tus intereses. Por su parte, el portal Empléate te ayuda a buscar un trabajo que se adapte tus necesidades y te ofrece herramientas que facilitan esta búsqueda.

ALGUNOS ENLACES ÚTILES:

APEC: Changer de voie (en francés)

APEC: Perspectives (en francés)

Cité des métiers: Changer de vie professionnelle, évoluer, valider ses acquis (en francés)

SEPE: Aprender a desaprender

El *coaching*

Los *coaches* aparecen en los años noventa y, durante un tiempo, son exclusivos de los grandes dirigentes que desean mejorar su imagen. Con la entrada en el siglo XXI, la práctica del *coaching* se ha democratizado, tal y como demuestran las numerosas certificaciones profesionales ofrecidas por un sinnúmero de organismos de formación (ASESCO, AECOP, ICF España, etc.) y son muchos los mandos intermedios que recurren a este tipo de acompañamiento para impulsar su carrera.

A diferencia de una sesión de psicoanálisis o de una terapia, el acompañamiento que ofrece un *coach* debe ser breve (como máximo unos meses), al tiempo que permite obtener unos resultados cuantificables casi en el momento. Aunque recurrir al *coaching* puede ser útil para aquellos que se enfrentan a problemáticas que no les obligan a cuestionarse a sí mismos en profundidad, no parece apropiado para alguien que haya identificado una verdadera falta de confianza en sí mismo. De hecho, incluso cuando se acompaña de técnicas certificadas como la programación neurolingüística (PNL), el *coaching* no suele permitir que un individuo encuentre los recursos necesarios para liberarse de aquello que le impide expresarse. En este caso, el trabajo será mucho más largo y, sin duda alguna, requerirá la intervención de un especialista.

¿SABÍAS QUE...?

La PNL es una combinación de varias prácticas (cibernética, neuropsicología, lingüística e hipnosis, entre otras) cuyo resultado puede relacionarse con un intento de manipulación a través de la sugestión: cada persona (incluido uno mismo) es entendida como un objeto influenciable y programable. A pesar de que este método tiene un cierto éxito porque permite que se cumplan objetivos precisos, no contribuye de ninguna manera a mejorar la imagen que uno tiene de sí mismo y de los demás.

La terapia

Como ya habrás comprendido, todo aquel que quiera reafirmarse en su empleo y se pregunte por qué no es capaz de lograrlo tendrá que llevar a cabo un verdadero trabajo de análisis, una búsqueda profunda de los motivos por los que no cree en sí mismo. Aprender a conocernos, a aceptarnos y a querernos no es un trámite que hacemos con el único objetivo de evolucionar profesionalmente.

Cuando no confiamos en nosotros mismos en el trabajo, a menudo cometemos el error de centrarnos un colega que nos menosprecia, o en otro que nos agobia. No vemos más allá del problema que se nos presenta y buscamos arrastrarlo a una situación que, a menudo, hemos provocado nosotros mismos de manera inconsciente. Se trata de una lógica de huida que nos aleja de las cuestiones realmente importantes: ¿Qué ha pasado para que estas personas se sientan autorizadas a invadir mi «territorio»? ¿De dónde viene esta fisura en la confianza que tengo en mí mismo?

Para dejar de acusarnos a nosotros mismos y de acusar a los demás, para salir de estas lógicas repetitivas que hacen que nos bloqueemos y que nos impiden evolucionar, es necesario arrancar las malas hierbas, y para ello tenemos que descubrir de dónde procede nuestra falta de autoconfianza. A menudo vendrá de la infancia, y entonces será necesaria la terapia para entrar en contacto con este mal que nos corroe y que nos impide desplegar todo nuestro potencial.

En tus manos está elegir la psicoterapia, el psicoanálisis o la terapia comportamental. La única regla es elegir bien a tu terapeuta: además de la importancia del método empleado (que debe ser el adecuado para ti), la persona en cuestión tiene que inspirarte confianza y despertar en ti las ganas caminar junto a ella durante algunos meses o incluso a lo largo de varios años.

REAFIRMAR TU VOLUNTAD

Restaurar la confianza en uno mismo supone para todo individuo enfrentarse a los obstáculos que le alejan de su Voluntad de trabajar. Por ello, es necesario partir en busca de tu vocación, permitir que en el trabajo se despliegue todo tu potencial, tus aspiraciones profundas, incluyendo (sobre todo) las que se encuentran más ocultas. Esta Voluntad de trabajar a menudo queda enterrada bajo un manto de palabras negativas acumuladas desde el nacimiento. La frase: «Serás un buen médico, hijo mío», puede ser tan destructiva para un joven que aspira a ser panadero como el típico «Eres un inútil».

VE HACIA TI MISMO

«Lej Lejá» (Génesis 12:1) es una expresión hebrea que significa «vete». La conminación divina sobre el primer patriarca Abraham es inequívoca. Se le pide que lo deje todo (su país, su familia, su patria) para irse al país que el Eterno, su Dios, le promete. A menudo se traduce como «Abandona tu país», y en realidad esta expresión puede traducirse literalmente como «Ve hacia ti».

> Solo respondiendo a esta llamada, expresión de una Voluntad que va más allá de nosotros mismos y que ni nuestra familia ni nuestra patria (ni nuestros colegas) pueden definir en nuestro lugar, podemos lograr una mayor confianza en nosotros mismos.

Aprender a decir «no»

En su superventas *La inteligencia del corazón* (1997), Isabelle Filliozat nos habla de una cólera positiva que a todos nos vendría bien expresar para acercarnos a nuestra verdadera Voluntad y aprender a reafirmarnos. Dar rienda suelta a esta «cólera sana»[3] (Filliozat 1997, 190) nos permite no evitar sistemáticamente el conflicto (la huida, la negación) y no recurrir a una respuesta violenta (que busca responder a los ataques mediante acusaciones). Por tanto, consiste en una reafirmación de uno mismo sin rechazar ni juzgar al otro, y se expresa a partir de uno mismo utilizando el pronombre «Yo» y no la acusación «Tú».

La autora ofrece el ejemplo de una mujer víctima de un mando superior abusivo y misógino en el ejercicio de su autoridad (Filliozat 1997, 198). En su opinión, expresar esta cólera positiva consistiría en decir: «Cuando me llamas "pequeña" me siento incómoda, porque necesito sentir que me valoras. Eres mi jefe, y prefiero que me llames por mi nombre, trabajaría más a gusto contigo».

De esta manera, antes de aprender a decir «sí», es indispen-

---

3. Cita traducida por 50Minutos.es

sable pasar por esta etapa que el fundador de la psicología analítica, Carl Gustav Jung (1875-1961), llama «individuación». Se nos invita a abandonar toda relación en la que el otro busque absorbernos y que no nos permita salir de nuestra zona de confort.

El impulso vital original

«Un bebé nace porque se deja llevar por la confianza en la vida»[4] (Liaudet 1998, 1). ¿Cómo no ver en esta afirmación, pronunciada por uno de los más célebres especialistas de la infancia, la señal de que en todos nosotros se expresa (al menos una vez) un impulso de vida, una confianza elemental en lo que está por llegar? Abandonar el vientre de nuestra madre es, por encima de todo, un acto de fe, la primera manifestación de la autoconfianza y del rechazo a la muerte. Antes de felicitar a los padres, ¿no deberíamos recibir al recién nacido con todo el amor y el reconocimiento que se merece? Acaba de atravesar con confianza eso que los especialistas denominan el primer trauma, la primera confrontación con la realidad. Esto sirve para recordarnos el sufrimiento y los obstáculos en el camino que lleva a la restauración de la confianza en uno mismo en el trabajo.

Esta etapa puede parecer aterradora y poco gratificante a corto plazo: corremos muchos riesgos y no tenemos la

---

4. Cita traducida por 50Minutos.es

certeza de lograr lo que deseamos. En realidad, no es una opción. Retomando el ejemplo anterior que nos ofrecía Isabelle Filliozat, imaginemos que un empleado quiere que se le confíen responsabilidades mayores. ¿Crees que puede permitirse bajarle los humos? Al pretender evolucionar sin marcar un primer hito al rechazar la confusión, ¿no se arriesga a entrar en un círculo vicioso que le conducirá a depender cada vez más de este hombre? Lo que teóricamente ganaría en evolución profesional se traduciría en realidad en una sumisión aún mayor a esta autoridad abusiva.

Restablecer tu Voluntad

Todo aquel que afirme conocerse a la perfección se equivoca. Una persona que haya realizado un verdadero trabajo de introspección te dirá que esa idea es una fantasía: para acercarnos a una conexión más auténtica con nosotros mismos y con nuestro trabajo, tenemos que deconstruir lo que creemos que son nuestros deseos, nuestra personalidad. Para ello, hay que atreverse a cuestionar nuestras certezas, nuestra forma de pensar, nuestras relaciones; en resumen, todo aquello que consideramos como verdad inmutable y que nos impide comprender lo que ocurre realmente en una u otra situación.

En esta perspectiva, cualquier dificultad a la que nos enfrentemos en el trabajo puede ser un valioso soporte de análisis. Hay que distinguir tres tiempos.

1. **El tiempo de la observación**: ¿en qué situación, ante qué individuo y de qué manera se manifiesta mi falta de autoconfianza en el trabajo? En este contexto, se recomienda encarecidamente recoger nuestras observaciones en una libreta. Transformar en palabras situaciones que nos parecen confusas nos permite dotar de sentido al caos. Lo ideal es tener desde el principio la costumbre de proceder en tres etapas: describir la situación (a), detectar las emociones (b) y anotar las palabras que se nos vengan a la cabeza (c). Por ejemplo:

   > Hoy he almorzado con M. B. ¡Una tortura! No sé por qué este hombre hace que me sienta incómodo/a. Tenía calor, no sabía dónde poner las manos, temía constantemente que me pusiera en evidencia. Es como si una voz me dijera constantemente: «Se va a dar cuenta de que no tienes la capacidad de gestionar su fortuna. ¿Cómo va a confiar un hombre tan importante en alguien como tú?» (c).

2. **El tiempo del análisis**: ¿tengo razón al pensar que esta situación o este individuo suponen para mí posibilidades de fracaso? ¿De dónde viene este miedo? Se trata de enfrentar lo que sentimos a la realidad de la situación. Para ello, debemos centrarnos en lo que pasa en nuestro mundo interior. ¿En qué momento esta situación real me hace perder la confianza en mí mismo? ¿Qué situación pasada estoy reviviendo a través de lo que se manifiesta aquí? ¿Qué me dice la vocecilla en mi cabeza? Continuando con la libreta de nuestra gestora de patrimonio, esto es lo que se podría extraer de un análisis de este tipo:

> ¿Qué ha hecho este hombre para que me sienta incómoda? No lo entiendo... Más allá del hecho de que iba mejor vestido que yo, no parecía que quisiera pisotearme. De hecho, parecía incluso benevolente. Puede que demasiado... Es raro, tengo la sensación de que era él el que intentaba demostrarme que estaba a la altura. Esto me recuerda a las cenas en familia: cuando me tocaba a mí contar cómo me había ido el día, mi padre no dejaba de interrumpirme y sus historias siempre tenían que superar las mías. A menudo pensaba que nunca podría rivalizar con él, me sentía inútil.

3. **El tiempo de acción** sobre lo real: pensar, hablar y trabajar de otro modo. Cuando pasamos de la opinión fantasiosa a la realidad, una gran parte del trabajo está ya hecha: aunque sigamos sintiéndonos incómodos porque nos falta confianza en nosotros mismos, hemos desmitificado la situación y disponemos de herramientas para neutralizarla. Hemos desenmascarado a esa voz interior que nos empuja a ser una parodia de nosotros mismos.

El proceso que nos permitirá abordar la situación desde otra perspectiva ha comenzado. Este podría ser el resultado de un trabajo de este tipo unas semanas después:

> M. B. ha venido al despacho hoy. Es curioso, porque visité a mis padres el domingo pasado y me di cuenta de que mi padre seguía compitiendo conmigo. Como si se sintiera amenazado. Le hablé de ello y, aunque no nos pusimos de acuerdo, expresarlo me hizo sentirme genial. Esta mañana me sentía como nueva cuando apareció M. B.: efectivamente, intenta intimidarme exaltando su vida, es su manera de tener confianza en sí mismo... Pero ahora ya no me molesta en absoluto, podría incluso decir que pasé un buen rato. Al final, ha firmado el contrato y quiere recomendarme a su socio.

Expresar tu Voluntad

Atreverse a dirigirse hacia aquello que nos apetece, atreverse a arriesgarse al expresar una Voluntad, exige un esfuerzo que puede parecer antinatural: un poco como declararle nuestro amor a alguien que desconoce nuestros sentimientos. Corremos el riesgo de ser rechazados, despreciados, de que se burlen de nosotros, etc. Pero si no nos arriesgamos, seguiremos en la fantasía de saber mejor que el otro lo que esa persona piensa, atrapados en la ilusión de estar unidos a esa persona.

Enfrentarse a la realidad siempre es positivo. Atreverse a decirle a alguien lo que se merece escuchar es dar prueba de autoconfianza y mostrar al otro que le respetamos: si nos encerramos en una fantasía («Va a despedirme si le digo que quiero evolucionar», «Mi jefe de equipo no se atreve a pedirle mi ascenso a RR. HH.», «Nunca me confía grandes proyectos, seguro que no hago un buen trabajo», etc.) también convertimos a los demás en prisioneros.

ACEPTAR QUE PODEMOS MOLESTAR

«Impón tu oportunidad, encierra tu felicidad y ve hacia tu riesgo. Al mirarte... se acostumbrarán» (Redacción Iberarte 2014). Estas palabras de René Char, que aparecen en sus *Œuvres complètes* nos recuerdan que, a menudo y sin ser conscientes, nuestros allegados son los primeros que ponen en duda nuestro camino. En el lugar de trabajo, este allegado puede ser un colega poco acostumbrado a verte realizado y dinámico, o un responsable que tenga el sentimiento de perder el control, etc. Todos te harán saber, a su manera y de forma más o menos consciente, que les das miedo y que eso no les gusta. Tienes que acostumbrarte: la auténtica autoconfianza también consiste en aceptar importunar. Al final se le acaba cogiendo el gusto.

Aunque acercarnos al otro para hacerle partícipe de nuestra Voluntad (de ascender, de cambiar de método de trabajo, de comunicarnos de otra forma, etc.) constituye una etapa difícil, la palabra siempre es liberadora y creadora de sentido.

Expresar una Voluntad auténtica en el trabajo a menudo da miedo, y son muchos los factores que pueden hacer que renunciemos a imponer nuestra oportunidad. Aunque está claro que el proceso de restauración de la confianza en uno mismo no se lleva a cabo en un día, existe en tu interior una certidumbre mucho más satisfactoria y te invitamos a que vayas a buscarla.

La Voluntad de trabajo es una búsqueda de sentido que te permitirá conocerte mejor y aceptarte tal y como eres para ganar una autoconfianza construida sobre unos fundamentos sólidos.

LOS MEJORES CONSEJOS

- **Dedícate tiempo a ti mismo fuera del trabajo**. Por ejemplo, puedes practicar una actividad cultural o deportiva. Esto te permitirá tomar perspectiva sobre tu día a día. A menudo, al lanzarnos a una nueva actividad nuestra autoconfianza se ve impulsada sorprendentemente.
- **Deshazte de las palabras negativas**, como «Estoy gordo/a», «Soy idiota», «Siempre he sido un vago», etc. Pon a prueba lo que sientes anotando sobre el papel todo lo que se te venga a la cabeza. Dado que todo esto no viene de ti, sino de una opinión que te ha sido inducida, lo único que tienes que hacer es romper esos papeles, destrozarlos cuanto quieras para tirarlos de una vez a la papelera. ¡Eres libre!
- **¡Respira!** Piensa regularmente en concentrarte en tu respiración. Inspira profundamente y espira despacio visualizando la corriente de aire que recorre tu cuerpo. Se trata de un ejercicio que permite restaurar tu seguridad interior.
- **Sé una mente sana en un cuerpo sano**. Piensa, en la medida de lo posible, en alimentarte adecuadamente y evita tomar demasiadas bebidas excitantes, como café o refrescos. Aprende a considerar tu cuerpo como un templo sagrado que hay que cuidar.
- **Haz listas de tareas pendientes**. Ponte cada día una serie de objetivos que puedas lograr y que sean realistas. Cuando hayas cumplido una tarea, táchala y disfruta de la satisfacción que se siente al lograr un objetivo.
- **Ten una caja de éxitos**. Tenemos tendencia a olvidar en-

seguida nuestras victorias. Coge la costumbre de meter en una caja trocitos de papel en los que hayas anotado tus victorias diarias.

- **Repítete a ti mismo: «Soy una criatura maravillosa»**. Tómate tiempo para mirarte cada mañana en el espejo y pronuncia esta frase como si se la dijeras a tu pareja. Esta fórmula, extraída del libro de los Salmos (Salmos 139:14), es la esencia del amor a uno mismo: todos nosotros, seres únicos e imperfectos, tenemos algo maravilloso. Acabarás creyéndotelo... ¡y con razón!
- **No entres en habladurías ni en juegos de poder**. Puede ser entretenido, pero es un desahogo que te hace entrar en un círculo vicioso y que te aleja de la satisfacción primera que debes extraer de tu trabajo: cumplir tus objetivos.
- **Haz pausas de verdad**. Independientemente de la carga de trabajo que tengas, tómate al menos diez minutos cada media jornada para desconectar totalmente (incluyendo tu móvil) y asume esta libertad: ve a pasear, charla mientras tomas un té/café con un/a colega, lee, etc.
- **Coge vacaciones**. Es un derecho de todo trabajador y un deber para todo aquel que aspire a irradiar felicidad y a mostrarse responsable en su trabajo.

PREGUNTAS FRECUENTES

¿CÓMO ME ATREVO A TOMAR LA PALABRA PARA DAR MI OPINIÓN DURANTE UNA REUNIÓN?

Para empezar, tienes que ser consciente de que no es bueno dar todas las opiniones que se nos ocurren. Demuestra que sabes discernir preguntándote a ti mismo si la frustración que provoca no atreverse a tomar la palabra procede de una verdadera timidez o si, más bien, tiene que ver con un deseo de existir y de ser reconocido, aunque no tengas nada pertinente que aportar a los temas abordados.

En el primer caso, lánzate: hablar en público es algo que se aprende, existen técnicas y frases introductorias que puedes preparar de antemano. Muchos personajes carismáticos eran enfermizamente tímidos, incluso tartamudos, cuando eran pequeños. En el segundo caso, habrá que realizar un trabajo más profundo para saber de dónde viene ese vacío existencial que te empuja a querer ser visible a toda costa. Mientras intentas entender lo que ocurre, evita tomar la palabra: te arriesgarías a hablar sin decir nada.

MI JEFE ME MENOSPRECIA CONSTANTEMENTE. ¿CÓMO PUEDO TENER CONFIANZA EN MÍ MISMO A PESAR DE TODO?

Si tu superior te menosprecia, probablemente le falte confianza en sí mismo, por razones suyas. Lo mejor que puedes hacer es reunirte con él para comentarle de manera asertiva los límites que te supone esta situación. Puede que vuestro diálogo sea constructivo y que os venga bien a los dos. Es probable también que a partir de esta reunión se abra un conflicto, pero al menos habrás expresado tu Voluntad y habrás ganado en seguridad. Si la situación empeora, pídele ayuda a un delegado del personal o a RR. HH.

¿CÓMO GANO SEGURIDAD SIN LLEGAR A PARECER PRETENCIOSO?

Procura no caer en una excesiva autoconfianza: en general, esto se traduce en una «sobrecompensación» relacionada, precisamente, con una falta de confianza en uno mismo. Ignorar tus puntos débiles haciendo a los demás responsables de tus dificultades u otorgarte todos los méritos de un trabajo realizado en equipo, por ejemplo, son señales que tus empleados no solamente van a tomar como ataques personales, sino que, además, te harán perder toda credibilidad.

¿CÓMO LE PIDO A MI JEFE UN AUMENTO SALARIAL O UN ASCENSO SI NI SIQUIERA YO MISMO ESTOY CONVENCIDO DE LO QUE VALGO?

Aquí se demuestra la importancia de la caja de éxitos (*cf.* «Los mejores consejos»): tómate tiempo regularmente para hacer una lista con tus éxitos. Ya sean o no cuantificables, estos logros son argumentos que podrás presentarle a tu superior jerárquico para justificar tu petición. Ten en cuenta que todo jefe o jefe de equipo digno de ese nombre se sentirá feliz si puede valorar a sus equipos: no poder ofrecerte el reconocimiento que te mereces será para él una fuente de frustración. ¡Dale una oportunidad a tu empleador!

¿CÓMO GESTIONO UN EQUIPO CON EXPERIENCIA SI ACABO DE GRADUARME?

El hecho de que te hayan contratado significa que te consideran capaz de enfrentarte a las dificultades del puesto. Demuestra una inteligencia racional: un individuo que se rebele ante tu autoridad lo hará, sin duda, porque considera que no tienes nada que enseñarle. Y esto es cierto desde un punto de vista técnico, puesto que conoce mucho mejor su departamento que tú. Demuéstrale que aprecias esas habilidades, pero sigue manteniéndote firme en tu posición. Gestionar un equipo es, por encima de todo, crear una sinergia de conocimientos y de habilidades para lograr objetivos.

¿CÓMO PUEDO NO PERDER LA CONFIANZA DURANTE UN PERÍODO DE DESEMPLEO?

Lo que a menudo echamos de menos durante los períodos de desempleo es un marco y la vida social. Estructura tu jornada. Organiza tu agenda, no dejes que el vacío te arrastre: alterna momentos de búsqueda con momentos de descanso, fíjate unos objetivos realistas, queda con amigos, etc. Asimismo, disfruta de la situación para refrescar tu mente y poner en práctica aquello que soñabas hacer cuando trabajabas. ¡Y hazlo sin complejos!

¿QUÉ ACTITUD TENGO QUE ADOPTAR CUANDO MIS COLEGAS SE NIEGAN A COLABORAR CONMIGO Y NO DEJAN DE HACER COMENTARIOS MALINTENCIONADOS?

Las relaciones laborales pueden ser muy complicadas y a veces hacen pensar en lo que podemos observar en un patio de recreo. Esto es exactamente lo que pasa: tus colegas —y probablemente tú también— repiten un escenario que pertenece al pasado. Si no es posible dialogar, no entres en su juego y ve las cosas con la perspectiva necesaria ayudándote de ti mismo o pidiéndole ayuda a un especialista. Si la situación se vuelve insostenible, habla de ello con una persona competente en la empresa o con el servicio médico del trabajo: algunas cosas pueden ir demasiado lejos si no tomas las riendas enseguida.

¡AHORA ES TU TURNO!

LA ENTREVISTA

Pregúntale a cinco personas (condescendientes) que respondan a las preguntas que enumeramos a continuación. Tendrás una muestra de la manera en que el mundo exterior te percibe. Tómate las respuestas como una herramienta de trabajo.

- Si tuvieras que presentarme brevemente, ¿cómo describirías mi personalidad? ¿Y mi forma de trabajar?
- En tu opinión, ¿cuáles son mis cualidades principales?
- ¿Podrías darme un ejemplo de una situación en la que se haya puesto de manifiesto una de estas cualidades?
- Si tuvieras que darme consejos para mi futuro laboral, ¿qué te apetecería decirme en términos de áreas de mejora? ¿Y en términos de evolución profesional?

AMPLÍA TU RED

- ¿Te interesa un puesto determinado en una empresa? ¿Conoces a alguien que podría hablarte de él con más detalle? Si es así, atrévete a invitarle a comer, no te prives de la oportunidad de saber más, no te sientas culpable por «utilizar» a esa persona: sin duda alguna, estará encantada de ponerte en relación con la empresa, informarte, etc.
- No menosprecies las redes profesionales en línea, como LinkedIn: dedica tiempo a ver los puestos que existen en tu sector y crea vínculos virtuales con personas que,

algún día, podrían ayudarte de alguna manera a avanzar en tu carrera profesional.

- No trates con arrogancia a los becarios ni a los jóvenes que acaban de empezar: no solo porque, en tu búsqueda de confianza, no necesitas despreciar a nadie, sino también porque todo el mundo puede tener ganas un día de devolverte un favor.

SACA PARTIDO A TUS TALENTOS

- ¿Todo el mundo te dice que deberías dedicarte a cantar? Apúntate a un coro o ve a clases de canto.
- ¿Te dicen que tienes buena mano con las plantas? Empieza tu propio huerto o crea un jardín vertical.
- ¿Siempre has tenido ganas de aprender a tocar el piano? Esas ganas están ahí por algo, así que debes intentarlo.

Estos talentos reprimidos son frustraciones que probablemente reproduzcas en el trabajo: tienes que liberar tu potencial creativo para mejorar el vínculo que te une al trabajo.

¡Tu opinión nos interesa!
¡Deja un comentario en la página web de tu librería en línea,
y comparte tus favoritos en las redes sociales!

PARA IR MÁS ALLÁ

FUENTES BIBLIOGRÁFICAS

- Bellanger, Lionel. 2009. *Développez votre confiance en vous*. Nogentle-Rotrou: ESF éditeur.
- Char, René. 1983. *Œuvres complètes*. París: Gallimard, colección *Bibliothèque de la Pléiade*.
- Filliozat, Isabelle. 1997. *L'intelligence du cœur*. París: JC Lattès.
- Guinchard, Roland. 2011. *Psychanalyse du lien au travail. Le désir de travail*. Con la colaboración de Gilles Arnaud. París: Elsevier Masson.
- Le Bible. 2000. *Parole de vie*. Villiers-le-Bel: Société biblique française.
- Lacroix, Marie-José. 2013. *Vivre et travailler avec des personnalités difficiles*. París: InterÉditions.
- Liaudet, Jean-Claude. 2004. *Croire en soi ou la confiance perdue et retrouvée*. París: L'Archipel.
- Liaudet, Jean-Claude. 1998. *Dolto expliquée aux parents*. París: L'Archipel.
- Pasini, Willy. 2002. *Être sûr de soi*. París: Odile Jacob.

FUENTES COMPLEMENTARIAS

- Basset, Lytta. 2014. *Oser la bienveillance*. París: Albin Michel.
- Definiciona, "Definición y etimología de confianza", 2014. Consultado el 16 de diciembre de 2016. https://definiciona.com/confianza/
- James, William. 2003. *Précis de psychologie*. París: Les

empêcheurs de penser en rond.
- Jung, Carl-Gustav. 1990. *L'âme et le soi.* París: Albin Michel.
- Empléate. Consultado el 20 de diciembre de 2016. https://www.empleate.gob.es/empleo/#/
- Psychologies. Consultado el 20 de diciembre de 2016. http://www.psychologies.com/Travail
- Servicio Público de Empleo Estatal (SEPE). Consultado el 20 de diciembre de 2016. https://www.sepe.es/contenidos/personas/index.html
- Redacción Iberarte. 2014. "Día Internacional de la Danza". 29 de abril. Consultado el 20 de diciembre de 2016. http://www.iberarte.com/index.php/artes-escenicas/danza/7571-dia-internacional-de-la-danza
- de Souzenelle, Annick. 2013. *Va vers toi. La vocation divine de l'Homme.* París: Albin Michel.

SUCCESVOL DELEGEREN

Bespaar tijd en verhoog de kwaliteit op het werk

SUCCESVOL DELEGEREN

Bespaar tijd en verhoog de kwaliteit op het werk

geschreven door Véronique Bronckart
vertaald door Nikki Claes

50MINUTES.com